CATALOGUE

D'UNE COLLECTION CAPITALE

PROVENANT

DU CABINET DE M. VILLERS, ARCHITECTE,

COMPOSÉE

DE TABLEAUX DES TROIS ÉCOLES,

Où l'on admirera Annibal Carache, Titien, Guide, Guerchin, Romanelli, D. Teniers, Snyders, Ph. Wouwermans, Nicolas Berghem, Gérard de Lairesse, J. Ruysdall, Koninck, Ph. de Champagne, Francisque Milé, Moucheron et Adrien Vandervelde, J. Both, Gérard Terburgh, J. Steen, Backhuysen, Sébastien Bourdon, Lenain, Claude le Lorrain, David, Demarne, Carle Vernet, etc. Les objets de curiosités offriront une belle Statue en marbre ; des Bronzes précieux, par les plus habiles maîtres ; des Porcelaines rares du Japon, de magnifiques Meubles du célèbre Boule, des Boîtes enrichies de Camées antiques montés par M. Vachette ; et autres objets curieux.

PAR J. B. P. LEBRUN,

Peintre, Membre de plusieurs Académies impériales et royales, de celle Etrusque de Cortonne, Associé correspondant de l'Institut royal de Naples, Commissaire honoraire du Musée Napoléon.

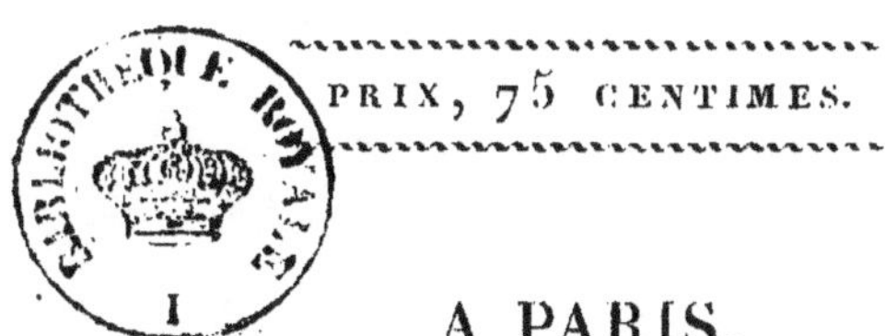

PRIX, 75 CENTIMES.

A PARIS,

CHEZ M. FÉLIX, Commissaire-Priseur, rue Notre-Dame-des Victoires, n° 40 ;
M. LEBRUN, Peintre, rue du Gros-Chenet, n° 4.

1812.

AVERTISSEMENT.

Il n'est point d'hiver qui n'amène une longue suite de ventes, parmi lesquelles on en distingue à peine trois ou quatre qui méritent de fixer l'attention des amateurs et de piquer leur curiosité. Assez heureux pour avoir été chargés, pendant celui-ci, des ventes d'un assez grand nombre de cabinets, il y en a eu quelques-unes de ce genre, que nous nous sommes empressés d'annoncer comme nous le devions; mais, plus ou moins considérables, elles n'offraient pas dans leur ensemble un choix aussi varié que la vente que nous annonçons aujourd'hui; on aura de la peine à y trouver un morceau qui ne soit pas du meilleur choix, dans tous les genres. L'Ecole d'Italie offre d'abord plusieurs morceaux distingués; les Ecoles flamande, hollandaise et allemande offriront plusieurs Teniers, dont un de la plus rare beauté; les fameux Snyders du duc de Bouillon; plusieurs Ph. Wouwermans, dont celui qui est appelé *les Sables*, gravé dans le cabinet de Choiseul; des Jacques Ruysdall, des Gérard de Lairesse, des N. Berghem, des Kuyp, des Ph. de Champagne, des Moucheron, des Adrien Vandervelde, et des Backhuysen; les chefs-d'œuvre de Koninck, de F. Millé, de beaux J. Both, G. Terburgh, Hobéema, van der Wef, J. Steenne, etc. L'Ecole française offrira de beaux Bourdon, Lenain, Claude Gellé dit *le Lorrain*, Patel. L'Ecole moderne en offrira de M. le chevalier David, Gauffier, C. Vernet, Demarne, Madame Villers, etc.; une statue de grandeur naturelle, par le Rembert; des bronzes, dont le Bélisaire par Chaudet; des vases de Médicis; des bustes de fortes proportions; groupes, figures d'anciens statuaires de la plus belle exécution; des porcelaines du Japon et de Sèvres; une superbe pendule; la collection la plus riche et la plus belle des magnifiques meubles de Boule, dans tous les genres et de toutes formes, qui ont presque tous fait l'ornement des fameux Cabinets dont on garde encore le souvenir. On y verra aussi plusieurs belles tabatières enrichies de camées antiques et en pierres de Labrador, et autres objets curieux. Cette Collection, que M. Villers s'est plu à augmenter en différentes occasions, et vient d'enrichir notamment d'une acquisition considérable et de la plus grande importance, rend cette vente l'une des plus belles que terminera une saison dans laquelle il a été offert des petites collections où le goût a présidé, et qui ont présenté des échantillons agréables aux amateurs qui ne peuvent pas toujours atteindre aux morceaux les plus extraordinaires des premiers maîtres.

Les amateurs ont à regretter, cette année, la perte que l'on a faite de plusieurs belles choses recueillies par le prince Iouzoupoff, qui ont été brûlées, ainsi que celles qui étaient dans le palais du Roi de Westphalie, circonstances fâcheuses qui ne peuvent qu'augmenter la valeur des productions de l'art. Cette saison n'aura offert de Collection capitale que celle de M. Dupreuil, celle du Mont-de-Piété, celle de M. Séréville, celle de M. de Sollirenne, et celle-ci, qui auront concouru à enrichir les nouveaux Cabinets qui s'élèvent, et qui remplaceront les plus fameux et les plus beaux que l'on ait cités dans tous les temps.

CATALOGUE

D'une Collection capitale de Tableaux des Trois Ecoles; de Statues, Bustes, et Vases de marbre; de Bronzes précieux; de Porcelaines rares du Japon; de riches Meubles de BOULE; *Pendules; Boîtes enrichies de Camées antiques, et autres objets de curiosités; le tout provenant du Cabinet de* M. VILLERS, Architecte.

TABLEAUX DE L'ÉCOLE D'ITALIE.

LE TITIEN.

N° 1. LE Portrait d'un Musicien représenté de grandeur naturelle. Il paraît occupé à revoir un ouvrage. Il tient une plume à la main. Dans le coin à gauche est une fenêtre ouverte, d'où l'on voit la campagne. Ce portrait est du plus beau temps de ce maître. Hauteur 27 pouces et demi, largeur 23 pouces. Toile collée sur bois.

LE GORGION.

2. Pilâte, venant de juger le Sauveur, se lave les mains. Cette composition de six figures de grandeur naturelle, vues jusqu'à mi-corps, offre de beaux

caractères et une couleur riche et harmonieuse. Hauteur 46 pouces, largeur 69 pouces. Sur toile.

Le vieux Palma. — Ecole vénitienne.

3. La Vierge tenant l'Enfant Jésus qui tient la boule du Monde devant le petit Saint-Jean et Sainte-Catherine, figures à mi-corps. Le fond est occupé par un rideau vert et un fond de paysage. Hauteur 14 p. et demi, largeur 20 p. et demi.

Jacques Robusti, *dit* le Tintoret.

4. Pilâte, après avoir jugé le Sauveur, s'en lave les mains. Composition de dix-huit figures. Tableau d'une belle composition. Hauteur 32 p., largeur 23 p. Sur toile. La gravure de ce tableau est déposée à la Bibliothèque Impériale.

Georges Vasari.

5. Sainte-Catherine vue à mi-corps, proportion naturelle. Ce beau tableau se trouve gravé au trait dans le Recueil de nos deux volumes; collection d'Italie vendue sous le n° 43, et gravée sous le n° 9, t. Ier. Hauteur 32 p., largeur 25 p. Sur bois.

Par le même.

6. La Vierge debout, tenant l'Enfant Jésus dans ses bras. Tableau d'un beau caractère. Hauteur, 31 p., largeur 24 p. et demi. Sur bois.

Annibal Carache.

7. Le Christ couronné d'épines, tenant le roseau, et présenté au peuple. Composition de quatre figures

vues à mi-corps, Ce fin et précieux tableau ne laisse rien à desirer sous tous les rapports de l'art: une composition sage et vraie, des expressions justes et variées; une couleur forte et transparente, un faire large et facile sont les qualités que l'on trouve réunies dans ce tableau de la plus grande rareté. Hauteur 8 p., largeur 6 p. et demi. Sur bois. Il est dans une magnifique bordure de bronze à quatre ornemens, dorée au mat, de 5 p. et demi de profil.

Antoine Carache.

8. La Justice, figure de proportion naturelle, vue jusqu'aux genoux. Tableau d'un grand caractère. Hauteur 1,380 m., largeur 1,841 m. Sur toile.

Le Guide.

9. Le Christ et la Vierge vus en buste. Petit tableau précieux, d'une exécution admirable, où l'expression est portée au plus haut degré de perfection. Hauteur 3 p. et demi, largeur 2 p. et demi. De forme ovale. Sur cuivre.

École du Guide.

10. La Charité romaine, figure de grandeur naturelle, à mi-corps. Tableau vigoureux et d'un bel effet. Hauteur 41 p., largeur 32 p. De forme ovale, dans sa bordure quarrée. Sur toile.

Barthelemi Schidone.

11. L'Espérance, figure de proportion naturelle, à mi-corps. Ce beau tableau se trouve gravé dans les deux volumes de notre collection d'Italie, n° 69, tome I,

vendu sous le n° 102, en 1810. Hauteur 44 p., largeur 45 p. Sur toile.

Le Guerchin.

12. Sainte Marie Égyptienne et une compagne, figures de grandeur naturelle, à mi-corps. Ce rare et précieux tableau se trouve gravé au trait dans nos deux volumes, n° 113, tome I, et vendu en avril 1810, sous le n° 106. Hauteur 34 p., largeur 44 p. et demi. Sur toile.

École du Dominiquin.

13. Sainte Catherine, vue de grandeur naturelle, et à mi-corps. Hauteur 31 p., largeur 24 p. et demi. Sur toile.

Attribué à M. Crespi.

14. Deux tableaux: l'un représente Caïn et Abel offrant leur sacrifice; l'autre le meurtre de Caïn. Ces deux tableaux, d'une touche vigoureuse, sont ovales. Hauteur 24 p., largeur 21 p. et demi. Sur toile.

Jean-François Romanelli.

15. L'Adoration des Bergers, composition de douze figures. Ce tableau, digne des plus beaux ouvrages de Pietre de Cortonne, son maître, provient de notre belle collection d'Italie. Vendu en avril 1810, sous le n° 204, et gravé dans le premier volume de nos traits, sous le n° 53. Hauteur 48 p., largeur 64 p. Sur toile.

Par le même.

16. L'Embrasement de Troye. L'on voit sur le devant

Enée qui enlève son père Anchise; sa femme, et le jeune Ascagne. Cette riche et superbe composition peut encore être regardée comme un des plus beaux tableaux de ce maître. Hauteur 74 p., largeur 60 p. Sur toile.

Jean-Paul Pannini.

17. Deux Tableaux enrichis de Ruines, de divers Monumens composés; l'un enrichi de dix figures, et l'autre de huit. Ces deux Tableaux, de la plus belle manière de J. P., sont propres à lui assurer une réputation immortelle. Aussi reste-t-il le Raphaël de ce genre. Hauteur 35 p. et demi, largeur 27 p. Sur toile.

Par le même.

18. La Réunion de plusieurs Monumens antiques, tels que le Panthéon, l'Obélisque égyptien, le Temple de la Sybille, Tiburtinne à Tivoli, la Pyramide Sextius, hors des murs de Rome, l'Hercule Farnèse, le Vase Médicis, et l'Arc de Triomphe de Tite. Le tout enrichi de dix figures. Tableau d'une couleur lumineuse et brillante. Hauteur 37 p., largeur 50 p. Sur toile.

Par le même.

19. Deux tableaux enrichis de ruines, d'architecture et de sculpture. L'un offre Saint-Paul prêchant à Athènes. Composition de treize figures. L'autre représente Saint-Paul dans l'île de Malte. Ces deux tableaux du beau faire de ce maître ne le cèdent en rien au précédent. Hauteur 27 p., largeur 22 p. Sur toile.

Luc Jordane.

20. Un sujet allégorique, composé de trois figures de grandeur naturelle. Ce tableau se trouve gravé dans le cabinet Poullain, n° 42. Hauteur 42 p., largeur 33 p. Sur toile.

TABLEAUX DE L'ÉCOLE FLAMANDE.

J. Breughel.

21. La Vue d'un Chemin montueux qui traverse une forêt, où passent, sur le devant, divers cavaliers, chariots. Vingt et une figures enrichissent ce tableau. Hauteur 12 p. et demi, largeur 17 p. et demi.

Corneille Poelinburg.

22. Un Paysage orné de rochers, de ruines où l'on voit, sur le devant, quatre jolies figures de femmes qui se disposent à entrer au bain. Ce tableau est de première classe de ce maître, par la finesse de son exécution, et sa riche composition. Hauteur 12 p. et demi, largeur 10 p. et demi Sur bois à pans coupés du haut.

Snyders.

23. L'Intérieur d'une Cuisine remplie d'une quantité variée de toutes sortes de poissons de mer. On y voit un pêcheur qui apporte une raie et un saumon qu'il semble proposer à vendre au cuisinier. Ce tableau, de

la première beauté, est exécuté dans le temps de la plus grande force de ce maître; sa réputation, ainsi que celle des deux qui vont suivre, s'est faite dans la collection du duc de Bouillon, d'où ils sortent. Hauteur 76 p., largeur 125.

Par le même.

24. Le Cheval d'un Cavalier culbuté par quatre loups qui se disposent à le dévorer. Le tout sur un beau paysage, par *Vildence.* Même grandeur que le précédent.

Par le même.

25. Une Chasse au Sanglier. On le voit, au milieu, environné de 10 chiens. Rien de plus précieux, ni de plus beau de ce maître. De même grandeur tous trois.

David Teniers.

26. L'Intérieur d'une grande Cuisine; dans le milieu, à terre, et sur le premier plan, deux lièvres et quatre cerfs qu'un jeune cuisinier se dispose à dépouiller; il est tourné vers un jeune homme debout à qui il semble parler. Ce jeune homme tient, sur son épaule gauche, son bâton où est suspendu un lièvre; plus loin, entre eux deux, se voit une porte ouverte, et une jeune servante qui entre, tenant, de la main droite, un plat, et de la gauche, une cruche; sur la droite, un billot et un couperet; au-dessus, dans le haut, une vieille femme regarde de sa chambre, par une fenêtre, ce qui se passe dans la cuisine. Le fond est occupé par une grande cheminée où sur quatre broches rôtissent différentes viandes de boucherie et des volailles, qu'un

homme, vu par le dos, est occupé à arroser, tandis qu'un autre homme semble lui parler. La gauche offre, sur le premier plan, des canards, des perdrix, divers oiseaux, des asperges, etc.; plus, sur une table, un quartier de veau, un aloyau au-dessus. Un cuisinier, assis dans une espèce de comptoir, s'occupe à piquer une volaille; un gigot et une poitrine de mouton se voient accrochés contre la muraille où est attaché un croc d'où pendent un dindon, un canard, et deux pigeons. Ce tableau classique, et l'un des chefs-d'œuvre de ce maître, offre des figures de 13 p. de proportion, et nous montre à quel point il a su varier les tons argentins, et l'esprit de sa touche riche et brillante. Ce qui nous fait regarder ce tableau comme un de ses ouvrages le plus marquant, et digne des premières collections de l'Europe. Hauteur 33 p., largeur 48 p. et demi. Sur bois.

David Teniers.

27. Les quatre Saisons, en quatre tableaux, savoir : le Printemps représenté par un jardinier portant un oranger; plus loin, deux autres qui préparent un parterre. L'Été représenté par un jeune paysan vêtu en chemise, tenant devant lui une botte de paille; plus loin, dans un champ de blé, l'on voit un homme tenant sa faucille, et une femme qui prépare les bottes. L'Automne représenté par un vigneron en gaieté, tenant un verre de vin, et une petite cruche; sur la droite et dans le fond, quatre autres figures sont occupées à fouler le raisin dans la cuve, tandis que les autres rétablissent les tonneaux. L'Hiver représenté par un vieillard assis, vêtu de velours et fourrure, se chauffant sur un réchaud en terre cuite. On voit

également une petite cruche et un verre ; le tout placé sur une table couverte d'un tapis. Sur la gauche, la vue d'un canal glacé où sont différens patineurs. Ces quatre tableaux, faits en même temps que l'Enfant prodigue du Musée Napoléon, sont de la plus belle manière, et ne laissent rien à desirer, soit pour l'esprit de la touche, soit pour le ton blond et argentin qui est si remarquable dans cet habile maître. Hauteur 8 p., largeur 6 p. Sur cuivre. Il se trouve gravé par *le Bas*.

Par le même.

28. La Vue intérieure d'une Chambre de fermier, où l'on voit, sur la droite, une cheminée devant laquelle une femme est assise, tenant sur elle son chat : près d'elle est un homme debout, tenant sa pipe; plus loin, une jeune fille touche un sac de farine. A gauche, l'on voit un paysan qui semble vouloir entrer, et est occupé à ouvrir le bas de la porte. Neuf poules, un hibou et nombre d'accessoires enrichissent ce charmant tableau, qui offre toujours cette transparence et cette touche spirituelle qui caractérisent ce maître. Hauteur 9 p., largeur 11 p. et demi. Sur bois.

Par le même.

29. L'Intérieur d'une Ferme où l'on remarque un Pasteur qui semble indiquer à une femme assise, tenant sur elle un pot, l'endroit où il va conduire un nombreux troupeau de moutons. Sur la droite, une femme entrant avec une botte d'herbages sur la tête. Sur la gauche, une vache noire et blanche ; plus loin, une vieille femme, appuyée sur le bord d'une fenêtre,

observe ce que l'on fait. Nombre d'accessoires enrichissent encore ce tableau capital; nous avons à regretter que l'auteur l'ait fait dans un âge avancé. Hauteur 45 p., largeur 61 p. Sur toile.

DAVID TENIERS.

30. Sur la droite du tableau, un Berger assis, gardant un troupeau de moutons et de vaches; au-dessus et dans le haut, on voit une Ferme en ruines près de laquelle sont des pâtres et troupeaux de différens bestiaux. Hauteur 21 p., largeur 26 p. Sur toile.

Par le même.

31. Un Berger causant avec un Paysan appuyé sur son âne. Dix-huit moutons, trois vaches, et autres animaux enrichissent ce tableau, d'une belle composition. Hauteur 34 p., largeur 45 p. et demi. Sur toile.

VAN UDEN et D. TENIERS.

32. Un vaste Pays de la plus grande étendue, coupé de rivières et de différentes habitations. On y remarque, sur la droite, à la descente d'une montagne, un jeune pâtre jouant de son flageolet, précédant un troupeau de douze moutons et de deux vaches qu'un berger et un fermier dirigent. Ce tableau, exécuté dans le temps de la plus grande force de ces deux maîtres, doit être regardé comme un de leurs chefs-d'œuvre. Hauteur 30 p., largeur 45 p. et demi. Sur toile.

VAN UDEN.

33. Un riche Paysage où l'on remarque sur le devant un chasseur qui semble parler à une jeune fille;

derrière eux, une haie de plusieurs saules vigoureux qui se détachent sur une ferme placée au haut d'une éminence, d'où deux pâtres conduisent un troupeau de douze vaches et bœufs qui se disposent à traverser un gué. Ce tableau, exécuté dans le premier faire de ce maître, est digne de Rubens, sous tous les rapports. Hauteur 16 p., largeur 23 p. Sur bois.

Francisque Milé.

34. Un Paysage de style agreste, et d'une composition élevée, représentant un beau site de la Thessalie. Dans le milieu du tableau, et sur un chemin, Mercure qui a acheté la discrétion de Battus, témoin du vol qu'il a fait des troupeaux d'Apollon, se présente à lui sous une autre forme pour l'éprouver. Mercure est debout; le berger, vu assis, lui indique de la main gauche le lieu où les troupeaux ont été cachés. Sur le même plan un ruisseau traverse des prairies émaillées de fleurs, où paissent des brebis. La gauche du tableau offre plusieurs beaux arbres groupés et élevés, au travers desquels on découvre une ville. La droite et tout le premier plan sont aussi groupés d'arbres variés, tels qu'orangers, chênes et autres plants élevés qui se prolongent presque jusques au milieu du tableau. Une partie principale du fond est occupée par un rocher formant chaîne de montagnes; et plus loin, on voit la sommité d'une autre roche qui se perd dans les nuages. Le ciel est frais et brillant. Hauteur 42 p., largeur 64; sur toile. Ce tableau est d'une beauté si extraordinaire, qu'il a été pris, par les hommes les plus exercés, pour un chef-d'œuvre de Nicolas Poussin. Nous observerons, à ce sujet, qu'il

est bien rare de trouver dans les compositions des peintres de l'école flamande la sublimité qui distingue celles du Poussin, et que les compositions du Poussin n'ont pas ordinairement l'harmonie et la finesse propres aux peintres flamands. Le Public, à qui nous offrons ce tableau vraiment extraordinaire, sera sans doute d'accord avec nous sur le mérite des éloges que nous lui avons donnés dans notre ouvrage des Peintres flamands et hollandais. Nous pouvons assurer qu'il n'existe nulle part une production de ce grand maître qui égale celle-ci en beauté, et nous pensons qu'il serait utile aux arts que l'acquisition en fût faite par le Musée Napoléon, où les ouvrages de Milé manquent entièrement.

Ecole de Rubens.

35. Diogène au milieu du peuple. Esquisse de vingt-deux figures. Hauteur 11 p. et demi, largeur 19 p. Sur bois.

Michel Coxcie.

36. Un Portrait d'homme, vêtu de noir, la main droite appuyée sur un socle de pierre, se détachant sur un rideau rouge retroussé. Dans le fond l'on voit un château et de hautes montagnes. Tableau d'une belle couleur. Hauteur 33 p., largeur 25 p. Sur toile.

Pierre Buth et Boudewyns.

37. Deux Paysages de l'effet le plus piquant et des plus agréables. L'un offrant, sur le devant, un pâtre qui conduit plusieurs bestiaux, et l'autre, un chasseur suivi de ses chiens, et de plusieurs voyageurs. Hauteur 21 p., largeur 16 p. Sur toile.

Par le même.

38. Un Paysage où l'on voit, sur le devant, un grand chemin où passent divers voyageurs, et un chariot attelé de trois chevaux. Nombre de bestiaux enrichissent ce tableau qui est de la plus belle manière de ce maître. Hauteur 40 p., largeur 55 p.

TABLEAUX DES ÉCOLES HOLLANDAISE ET ALLEMANDE.

ALBERT KUYP.

39. Deux tableaux représentant des intérieurs d'écurie; dans l'un on voit un cheval blanc moucheté, attaché à sa longe devant son ratelier, et couvert d'une housse rouge; et dans l'autre, un cheval noir, qu'un petit garçon, vêtu d'une veste rouge, tient par la bride. Ces deux jolis tableaux sont d'un effet piquant et du bon faire de ce maître. Hauteur 11 p., largeur 15 p. et demi. Sur bois.

Par le même.

40. Un jeune enfant debout, vu à mi-corps, tenant un pluvier doré, mort. Il est vêtu d'une robe rouge, galonnée en or; il porte une toque noire surmontée de plumes blanches et bleues. Tableau de cette riche couleur que l'on recherche. Hauteur 25 p., largeur 18 p. et demi. Sur bois.

REMBRANDT.

41. Une Vieille Femme, vue sur l'appui d'une croisée, tenant à la main gauche un petit couteau; elle a la tête couverte d'une toque fourrée, et la gorge couverte d'un fichu blanc; figure de grandeur naturelle, à mi-corps. Ce tableau, d'une grande vérité, a toujours été justement admiré des amateurs, et faisait partie du cabinet du baron de Bezenval. Hauteur 27 p., largeur 22 p.

P. KONINCK et LINGELBAC.

42. La Vue d'un vaste pays de la Hollande, prise à vue d'oiseau : on remarque sur le devant un chemin où passe un valet de pied, avec des faucons et des chiens, et plus loin, un cavalier et une femme à cheval, précédés et suivis de valets et de chiens. D'autres voyageurs, chasseurs, et un carrosse attelé de six chevaux remplissent cette route, qui traverse le tableau. L'on voit aussi, sur la droite, une rivière au bord de laquelle sont un pêcheur et des blanchisseuses; diverses maisons environnées d'arbres. Plus loin, un pont de huit arches conduit à un village considérable. Au-delà, de grandes parties de terrain, coupées de rivières, vont à perte de vue le long des dunes et des montagnes. Un ciel brillant est obscurci par des nuages, qui portent leur ombre sur diverses parties, et donnent aux parties éclairées tout le vif et le lumineux du soleil. Ce chef-d'œuvre de l'art est regardé par nous comme un de ces ouvrages de première classe, où le talent de la couleur et la vérité sont portés au plus haut degré de perfection. Hauteur 1,326 m., largeur 1,597 m. Sur toile. Il provient de notre vente d'avril 1811.

Ferdinand Bol.

43. Une femme dans l'intérieur de son appartement, à sa toilette, éclairée par une croisée ouverte; sur le devant d'un fauteuil l'on voit un manteau rouge. Ce joli tableau, des plus piquans, est digne, sous tous les rapports, de *Rembrant*, maître de l'artiste. Hauteur 12 p., largeur 14 p. Sur toile.

Gérard Terburgh.

44. Une jeune fille debout, à sa toilette, dans l'intérieur de sa chambre à coucher. Elle est occupée à ajuster son corsage jaune, liseré de noir, et vêtue d'une jupe rose brodée en or; derrière elle, une jeune suivante tient un plat, une aiguière et une serviette. A droite, et sur le devant, une chaise couverte en velours cramoisi se détache sur une table de toilette couverte d'un tapis sur lequel est un miroir, une boîte, une brosse, un peigne, et une sonnette. Le fond est occupé par un lit quarré de couleur feuille-morte. Cette composition, de deux jeunes et jolies femmes, est exécutée avec cette imitation fidèle de la nature, cette richesse de couleur, et cette harmonie qui font rechercher les rares productions de ce maître. Hauteur 17 p., largeur 12 p. et demi. Sur bois.

Par le même.

45. Deux tableaux; l'un représentant un homme debout, vêtu de noir, devant une table couverte d'un tapis de velours violet; l'autre représente une jeune femme aussi debout, vêtue de noir, les mains croisées, tenant son éventail, et devant une table, sur

laquelle est aussi un livre. Hauteur 24 p., largeur 18 p. Sur toile.

GÉRARD DE LAIRESSE.

46. Joseph reconnu par ses frères, composition de vingt-trois figures. Ce tableau, l'une des plus riches et des plus belles compositions de ce maître, dont il paraît avoir été le plus satisfait, se trouve très-bien gravé en grand par lui-même dans son œuvre. Ce maître a justement été appelé le Raphaël de la Hollande. Son génie exquis, sans qu'il soit sorti de la Hollande, l'a élevé au rang des plus grands maîtres de l'art. Hauteur 37 p. et demi, largeur 48 p. et demi. Sur toile.

Par le même.

47. Vénus, représentée de grandeur naturelle. Elle est coiffée en cheveux, et nue jusqu'à mi-corps; une draperie rouge lui couvre les cuisses et les jambes; le pied est découvert, et sa tête est appuyée sur sa main gauche; de la droite elle tient son fils nu, qui détourne la tête, et semble vouloir s'échapper; à droite on voit dans la demi-teinte deux petits Amours. Hauteur 54 p., largeur 54 p.

Par le même.

48. Minerve, déesse de la sagesse, foulant aux pieds l'Envie. Elle est vue assise, de grandeur naturelle, armée de son égide, la tête couverte d'un casque, tandis qu'auprès d'elle un Amour, tenant une lance de la main droite, et de l'autre un bouclier, terrasse l'Envie. Ce tableau, qui sert de pendant au précédent,

est aussi de la plus belle manière de ce maître. Hauteur 54 p., largeur 54 p. Ils viennent de notre belle collection; vendus, en avril 1791, sous les numéros 116 et 117.

Par le même.

49. Saint Jean assis au pied d'un monument où l'on voit un bas-relief représentant la circoncision. Très-beau tableau de ce maître. Hauteur 32 p., largeur 28 p. Sur toile.

École de Gérard de Lairesse.

50. Mercure entrant chez Hersé, et métamorphosant sa sœur; composition de neuf figures. Tableau agréable. Hauteur 18 p., largeur 22 p. Sur toile.

Glaubert, et G. de Lairesse.

51. Deux tableaux représentant des paysages, dont l'un offre Ulysse apparaissant à Nausicaa; l'autre, les approches d'un orage et d'un grand coup de vent. Tableaux enrichis de monumens et d'effets pittoresques. Tout le monde sait que ce maître est un des plus habiles en ce genre. Hauteur 11 p., largeur 13 p. et demi. Sur toile.

Jacques Ruysdall, et Adrien Vandervelde.

52. Un paysage pittoresque. Il offre dans le milieu un groupe de deux saules, plus loin une rivière, et sur un chemin élevé, un pâtre conduisant plusieurs bestiaux qui paraissent se diriger vers un pont de bois; plus loin, une maison; à l'opposé, une barque

de pêcheur et des masses d'arbres terminent ce tableau le plus pittoresque et le plus piquant. Il se trouve gravé au trait dans nos deux volumes, n° 159, tome II, et provient de notre vente en avril 1810, sous le n° 109. Hauteur 17 p., largeur 19 p. trois quarts. Sur toile.

Jacques Ruysdall.

53. Une vue des environs de Harlem, où le premier plan est occupé par une dune sablonneuse; plus loin, sur la gauche, diverses habitations de blanchisseuses qui s'étendent au loin ; sur la droite, des masses d'arbres, des maisons, et une grande église se détachent sur un ciel brillant. Ce joli tableau, où la nature est représentée avec un goût exquis, est aussi de l'exécution la plus fine et la plus parfaite de ce maître. Hauteur 13 p. et demi, largeur 17 p. Sur toile.

Par le même.

54. Un Paysage. L'on voit, sur des masses de roches élevées, une maison entourée d'arbres et d'arbustes ; dans le bas un torrent tombe en cascade à travers des roches ; de l'autre côté, un terrain montueux coupé de chemins, où l'on remarque quelques moutons et pâtres ; un champ de blé, deux maisons, et des masses d'arbres se détachent sur un ciel brillant et léger. Ce tableau d'un maître dont tous les ouvrages sont marqués au coin du grand talent, est d'un effet piquant et d'une touche variée. Hauteur 16 p., largeur 21 pouces.

Minder Hobbema.

55. La Vue d'une Rivière, sur laquelle passe un bateau avec cinq personnages; il y a sur la gauche deux pêcheurs à la ligne qui se détachent sur une pelouse à droite frappée du soleil, et de l'autre côté de l'eau des arbres et un bois touffu. Ce rare et joli tableau est de la belle manière de cet habile maître; aussi l'avons-nous fait graver, dans notre Galerie des maîtres flamands, hollandais et allemands, en 3 vol. in-folio; je puis le citer comme le plus petit que j'aie jamais vu de ce maître. Hauteur 11 p., largeur 12 p. et demi. Sur toile.

Ph. Wouwermans.

56. Un Paysage montueux et sablonneux, traversé dans les vallons, d'une rivière qui serpente. L'on remarque, sur le premier plan, deux figures de baigneurs près d'un pont de bois que traverse à pied un paysan vu par le dos. Plus loin, au bas d'un monticule, une femme tenant un enfant, tandis qu'un autre est endormi auprès d'elle. Près le bord de la rivière, un cavalier monte sur un cheval blanc, le fait boire, ainsi qu'un autre bai que conduit un garçon d'écurie; plus loin, en demi-teinte, un pêcheur debout. Dix autres figures placées sur différens plans enrichissent cette composition, ainsi que plusieurs arbres et quelques masures. Ce tableau, d'un ton argentin, peut être admiré comme étant l'un des ouvrages le plus précieux, et le plus parfait sorti du pinceau de Phil. Wouwermans. Il a fait l'ornement des plus belles collections de France, et se trouve gravé dans le

volume du cabinet de Choiseul. Hauteur 24 p., largeur 21 p. Sur toile.

Ph. Wouwermans.

57. Sur le bord d'un chemin et à la gauche du tableau l'on voit une femme assise tenant sur elle un enfant en maillot, tandis qu'un autre plus grand est auprès d'elle. Plus loin, un homme est occupé à donner de l'herbage à deux chevaux, dont un blanc est placé sur le devant. A droite et plus loin, l'on voit une femme à cheval et un conducteur à pied, vus par le dos. Deux ou trois pieds d'arbres entourés de broussailles terminent ce fin et précieux tableau, qui est de la plus belle qualité de ce maître. Il est de cette couleur légère et transparente si justement recherchée des vrais connaisseurs. Hauteur 13 p., largeur 12 p. Sur bois.

Par le même.

58. Un Hiver où l'on remarque une rivière glacée, sur laquelle on voit trois figures ; à gauche, un homme monte pour aller traverser un pont de bois sur lequel sont une femme et un homme. La droite est occupée par plusieurs masures de paysans élevées le long d'un monticule. Joli tableau fin de ce maître. Hauteur 11 p., largeur 13 p. Sur bois.

Ecole de Ph. Wouwermans.

59. Une Rencontre de Cavalerie près d'un Fort. Riche composition. Hauteur 21 p., largeur 27 p. Sur toile.

Nicolas Berghem.

60. Un Paysage représentant des montagnes et corniches des environs de Gênes. Le premier plan offre un pâtre faisant traverser une petite rivière à cinq vaches dont une blanche; auprès d'eux sont une chèvre, et deux chiens dont un à la nage. Au-dessus est une femme montée sur un âne, et qui semble parler à deux pâtres. Plus loin, vers le bas de la montagne, un pâtre monte sur son âne, et conduit deux vaches. Sur un plan plus élevé, l'on remarque un voyageur gravissant une montagne rapide, dont la cime est surmontée par une masse de rochers groupés avec plusieurs pins sous lesquels on voit un muletier; un pont de bois traverse la rivière. Plus loin, sur le plateau d'une montagne, on voit une tour élevée, et différens bâtimens. Ce tableau, d'une composition pittoresque et neuve, est aussi de l'effet le plus vif et le plus piquant. On ne peut se lasser d'en admirer la touche facile et brillante qui met le plus grand charme dans cette rare et belle production. Hauteur 24 p., largeur 17 p. 3 lig. Sur bois.

Par le même.

61. Devant des ruines d'anciennes constructions l'on voit, sur le premier plan de ce tableau, un Laboureur rentrant avec sa charrue attelée d'un cheval blanc, et d'un brun sur lequel il est monté. Il est vu par le dos, et vêtu de rouge. Il est arrêté, et semble parler à une jeune paysanne, à qui paraît appartenir un âne placé près d'elle. L'on remarque aussi une chèvre et un chien, plus loin deux vaches; l'une de face et

l'autre par la croupe, sont à boire au milieu d'un gué. Plus loin, sous une voûte, quatre moutons à droite, au bas de plusieurs rochers, couronnés de feuillages; un courant tombe en nappe d'eau. Ce précieux et fin tableau peut être regardé comme étant un des ouvrages le plus fin et le plus soigné de cet habile maître. Hauteur, 16 p., largeur, 21 p. Sur toile.

Nicolas Berghem.

62. La Vue d'une Auberge, située dans des roches élevées, et sur la gauche, des ruines servant de colombier. L'on voit, sur le devant du tableau, un cavalier monté sur un cheval blanc, tenant un verre de vin que vient de lui présenter une jeune fille de l'auberge, tandis qu'une femme montée sur un cheval bai les regarde, ainsi qu'une femme appuyée sur l'appui de la porte. Plus loin, sous une treille en demi-teinte, trois valets-de-pied assis sont aussi à se rafraîchir; trois chiens levriers, trois poules et un coq placé tout-à fait sur le devant, concourent à la richesse de ce tableau, qui est d'une composition neuve, d'un effet et d'une harmonie rare, et par-dessus tout, d'une touche ferme, facile et légère, que peu de maîtres ont possédée comme lui. Hauteur, 18 p., largeur, 14 p. 9 lignes. Sur toile.

Guillaume van Aelst

63. Un Coq mort, suspendu par une patte, une hure de sanglier et un groupe de six différens oiseaux; le tout placé sur une table de marbre, ainsi qu'une épée et son ceinturon. Il est impossible de voir rien

de plus vrai et de mieux rendu ; on en trouve peu d'aussi capital. Hauteur, 30 p., largeur, 26 p. Sur toile.

Par le même.

64. Un Héron et un Faisan groupés d'une carnacière, d'un fusil, d'un manteau de velours violet et d'un tabouret de velours cramoisi. L'on ne peut rien voir de mieux rendu et de plus précieux. Hauteur, 33 p., largeur, 25 p. Sur toile.

Par le même.

65. Un Vase d'argent rempli de fleurs variées, placées sur une table de marbre, où est aussi un tapis de Turquie, en partie retroussé. Ce beau tableau est encore enrichi de plusieurs insectes. Hauteur, 33 p., largeur, 25 p. Sur toile.

Par le même, 1671.

66. Divers Animaux morts et vivants; savoir, un perdreau, un faisan, une grenouille, des plantes, des chardons, papillons et autres insectes. Tableau des plus précieux. Hauteur, 29 p., largeur, 22 p. et demi. Sur toile.

JEAN STÉEN.

67. Les Dehors d'une Porte de Ville et Routes de Campagnes, enrichis de vingt-neuf figures diverses, où l'on voit, en devant, sur le premier plan, un homme vêtu en chemise, prêt à lancer sa boule sur un jeu de quilles, que deux hommes regardent. Plus loin, un homme vêtu de noir, s'arrête pour voir le coup ;

près de lui, et en avant, est un marchand, à qui une femme assise, tenant sur elle son enfant, montre des personnages assis sur l'herbe, fumant leurs pipes, et semblant jaser ensemble. Ce tableau, piquant d'effet, et d'une belle harmonie, doit être regardé comme un des plus beaux ouvrages de ce maître. Hauteur, 24 p., largeur, 31 p. Sur bois.

Moucheron et Adrien Vandervelde.

68. La Vue d'un Chemin, et sur la gauche, l'entrée d'un parc. L'on remarque, à droite, sur le devant, deux pélerins, l'un debout, allant demander l'aumône à un cavalier, vu par le dos, et à d'autres personnages qui sortent du parc, tandis qu'un palefrenier tient un cheval blanc par la bride; plus, un valet de chien concourt à la richesse de ce tableau, qui est du plus beau faire des deux maîtres, et un de leurs capitaux. Hauteur, 30 p., largeur, 23 p. et demi. Sur toile.

Par les mêmes.

69. Un Paysage ouvert. On voit sur la droite un bois d'où sort un cheval chargé, et une femme qui semble le conduire. En avant, sur le chemin, un voyageur chargé est assis sur le bord du chemin; plus loin, et vers la gauche, sur un chemin, sont un pâtre et une femme conduisant leurs bestiaux. Diverses montagnes et vallons terminent ce tableau clair et brillant, et qui est de la plus belle qualité de ce maître. Hauteur 27 p. et demi, largeur 23 p.

Ludolf Backhuysen.

70. Un Coup de Vent, en pleine mer, où l'on voit le

ciel qui se couvre de nuages épais, et huit différens bâtimens à la mer. Ce savant tableau, où l'eau semble mouvoir sous votre vue, mérite l'observation des vrais juges de l'art. Hauteur 24 p., largeur 31 p. Sur toile.

Par le même.

71. Le Bord du Rivage de la Mer où l'on voit sept différens bâtimens, tant à la voile qu'à la rame. Sur la gauche, on voit, sur les côtés, de longues montagnes. Hauteur 19 p., largeur 28 p. et demi. Sur toile.

JEAN MIERIS LEVIEUX.

72. Une Jeune Femme assise devant sa toilette, la gorge à demi découverte, vêtue en satin, et qui semble surprise de voir un papillon qui s'envole. Un miroir, une boëte ouverte, et une fermée, sont placés sur un tapis de Turquie, recouvrant, à moitié, une table de marbre. A droite, et dans le fond, une porte ouverte par où l'on voit une vieille femme qui semble mécontente. Ce tableau très-agréable est aussi d'une couleur brillante, et d'une belle harmonie. Hauteur 12 p., largeur 10 p. Sur bois.

JEAN BOTH, *dit* Both d'Italie.

73. Un Paysage montueux; de droite à gauche, s'élèvent de hauts rochers couronnés de broussailles au bas. Plusieurs chemins où l'on voit, sur trois plans, différens pâtres qui conduisent leurs bœufs. En devant du tableau, deux arbres, se croisant, s'élèvent avec leurs feuillages jusqu'au haut du tableau; plusieurs arbres et têtes d'autres plantés dans

un vallon, au haut duquel l'on voit une route qui tourne. Une montagne sur la droite, plusieurs masses de montagnes, dans le lointain, terminent ce tableau éclairé par un soleil couchant. L'on y admirera cette vapeur aérienne que Both a possédée à l'égal de *Claude*, et cette touche fine et spirituelle jointe à une harmonie séduisante. Hauteur 15 p. et demi, largeur 20 p. Sur bois.

Guillaume Deheusse.

74. Une Vue des environs de Naples. On voit, sur une haute montagne de belles Fabriques éclairées par le soleil, ainsi que sur un chemin qui serpente, où se trouvent plusieurs voyageurs dont un cavalier sur un cheval blanc. La gauche est occupée par une grande étendue de Montagnes d'un ton fin et digne de *Claude le Lorrain*. Hauteur 32 p., largeur 36.

Carle Dujardin.

75. La Porte d'une Auberge où l'on voit différens cavaliers arrêtés, les uns à cheval, les autres à pied, auxquels une femme, sortant de la maison, apporte des fruits; sur la gauche, deux chiens dont un noir. Un paysage léger et un ciel chaud terminent ce tableau exécuté en Italie. Hauteur 15 p., largeur 18 p. et demi. Sur toile.

Ph. de Champagne.

76. Un Portrait d'Homme, vu à mi-corps, vêtu de noir, la tête tournée de trois quarts, portant cheveux plats, et une calotte sur la tête. Il tient sa main droite sur la poitrine, et de l'autre une orange; le

fond est occupé par une grande étendue de pays. Parmi tous les ouvrages classiques et précieux de ce maître, nous n'hésiterons pas à placer celui-ci au rang d'un de ses plus beaux. Hauteur 33 p., largeur 26 p.

Par le même.

77. Le Portrait d'un Homme vu de trois quarts, portant ses cheveux, vêtu de noir, un collet blanc rabattu. Il est de grandeur naturelle, vu en buste. Ce tableau où *Champagne* rivalise avec les plus grands maîtres par son admirable imitation de la nature, ne laisse rien à desirer. Hauteur 27 p., largeur 23 p. Sur toile.

Jean Asselyn.

78. La Vue d'un Port où l'on remarque, sur la gauche, un ancien Tombeau, de forme pyramidale; une fontaine, placée sur le devant, où l'on voit un homme par le dos qui puise de l'eau; à droite sur un bateau de transport où on charge différens ballots qui sont sur le bord du rivage, ainsi que six personnages qui semblent attendre; de l'autre côté de l'eau, de belles montagnes et des villes bâties sur le plateau, et dans un ton vaporeux et éloigné. Ce tableau de son beau faire d'Italie est du plus grand intérêt. Hauteur 32 p. et demi, largeur 42 p. Sur toile.

Adrien van der Wef.

79. Cet admirable Tableau offre Sainte-Marguerite représentée debout, et vue en face, regardant le Dragon qu'elle tient sous son pied gauche, après l'avoir terrassé. Elle est couverte d'une tunique

blanche avec un manteau bleu, bordé d'un galon d'or qui lui forme une seconde draperie de l'effet le plus large. Son bras droit est nu, portant un crucifix. Il n'était permis qu'à *Van der Wef* de réussir à intéresser dans un sujet aussi simple. Quel intérêt Sainte-Marguerite inspire ! et avec quel art le peintre a joint, au caractère de modestie qui lui convient, une grace presque céleste ! Une admirable fonte de couleur donne à cette production le rang le plus distingué : nous ajouterons que les morceaux classiques de cet artiste sont de toute rareté, et du plus haut prix. *Voyez* les Catalogues de *Blondel*, de *Gagny Tolozan*, n° 14 de ce dernier. Hauteur 16 p., largeur 13 p. et demi. Sur bois.

Jean Leduc.

80. L'Intérieur d'un Corps-de-Garde enrichi de dix figures, dont six de femmes. Le milieu offre un officier qui fume, tandis qu'une femme debout derrière lui appuie sa main sur son épaule; les autres jouent auprès d'une table. Ce tableau, d'un ton fin et brillant, est un des plus beaux connus de ce maître. Hauteur 12 p., largeur 16 p. et demi. Sur bois.

Verbomme et Lingelbac.

81. Un Paysage où se voit, sur le premier plan, à gauche, une jeune Fileuse et un Pêcheur, se détachant sur une rivière, qui laisse un gué, sur la droite, que va traverser une femme et un enfant avec plusieurs chèvres et moutons; le tout se détachant dessus un monticule élevé, couvert d'arbres et

d'arbustes. Un lointain montueux et un ciel brillant terminent ce joli tableau, que l'on n'a pas craint de signer *J. Ruysdaal*, par sa vigueur et son goût. Hauteur 16 p. et demi, largeur 15 p. Sur bois.

ISAAC VAN ULIET.

82. La Vue intérieure d'une Église de Protestans, éclairée par les rayons du soleil, et enrichie de douze différentes figures. Hauteur 17 p. et demi, largeur 15 p. Sur toile.

C. NETSCHER.

83. Madame de la Vallière pinçant de la harpe, accompagnée d'un enfant assis à ses pieds, pinçant de la guitare; une table couverte d'un tapis de Turquie, un rideau retroussé et autres accessoires terminés par un fond de paysage. Ce tableau curieux, sous différens rapports, est un des plus agréables de ce maître. Hauteur 17 p. et demi, largeur 14 p. Sur toile.

SIGNER J. D. DEHEM.

84. Deux tableaux de fleurs dans des caraffes de verre. Hauteur 19 p., largeur 16 p.

KENELLER.

85. Le Portrait d'un Jeune Homme, vu en pied, de grandeur naturelle, tête de face, portant ses cheveux tombant sur un large collet. Il est vêtu d'une veste à manches-crevées, et d'une culotte; le tout de satin noir attaché avec une touffe de ruban rouge, ainsi que ses bas. Ce tableau d'un faire facile, rappelle les

ouvrages de *Vandick*. Hauteur 75 p., largeur 47 p. Sur toile.

N. ROMBOUT.

86. La Vue d'un Grand Chemin où l'on voit, près de la porte d'une auberge, plusieurs personnages, au nombre de seize; trois chevaux; et, plus loin, un chariot de poste. Un paysage de goût, éclairé par les rayons du soleil, donne à ce tableau tout le piquant d'un *Isaac Ostade*, auquel il a toujours été donné. Hauteur 36 p. et demi, largeur 46 p. Sur toile.

Par le même.

87. La Vue d'un Grand Chemin où l'on voit différentes figures de paysans en repos, un cavalier vu par le dos; plus loin une voiture de paysans. En tout quinze figures enrichissent ce tableau digne d'*Isaac Ostade*. Hauteur 21 p., largeur 29 p. Sur bois.

M. CARRÉ.

88. Un Paysage où l'on voit une femme gardant un troupeau de treize différens bestiaux. Tableau agréable d'une belle harmonie. Hauteur 17 p., largeur 23. p. Sur bois.

LOUTHERBOURG.

89. Deux tableaux. L'un représente la Vue d'un Port où l'on voit un vaisseau au carénage; l'autre, un Pâtre et une Femme conduisant leurs bestiaux à travers un gué pierreux; sur la droite, des rochers que traverse un torrent. Des montagnes et fabriques terminent ce

tableau éclairé au soleil couchant. Hauteur 22 largeur 30 p. Sur toile.

M. Sopfer, *de Genève*.

90. Un Paysage vu des environs de Genève. On remarque, sur le devant du chemin, une voiture à quatre roues, attelée de deux bœufs, dans laquelle est le conducteur et une femme. Cette route un peu tortueuse conduit à des maisons situées dans le vallon, et dont on voit les toitures. Quatre masses de montagnes se détachent, dans le lointain, les unes sur les autres. Sur le devant, à droite, une ruine de petite chapelle de Madone, et des masses d'arbres. La gauche est occupée par un grand arbre élevé, et des habitations. Ce tableau, rempli d'effet et d'harmonie, est aussi d'un dessin correct, d'une touche fine, digne des plus habiles maitres. Nous prions les amateurs d'attacher un œil attentif sur cette production, dont le talent supérieur mérite d'être connu. Hauteur 27 p., largeur 34 p. Sur bois.

TABLEAUX DE L'ÉCOLE FRANÇAISE.

Le Nain.

91. Une Famille de Paysans à la porte de leur maison, où l'on voit une vieille femme, ainsi qu'une fille, et une petite fille qui fait de la dentelle; plus loin un jeune garçon faisant un fagot pour le charger sur un

âne dont le maître est auprès. En tout six figures. Longueur 22 p., largeur 27 p. Sur toile.

Le Nain.

92. La Vue d'une grande Rue de Village, où l'on voit, devant la porte de leur maison, une famille de paysans à table. Onze figures, des moutons, chiens, poules, etc., concourent à la richesse de ce tableau, l'un des capitaux de ce maître. Hauteur 30 p. et demi, largeur 44 p. Sur toile.

Claude Gelée, *dit* Le Lorrain.

93. Une Marine éclairée au Soleil levant. La gauche est occupée par la vue d'une ville et des montagnes. Dans le milieu du tableau est un Fort pour assurer la rade; plusieurs vaisseaux de guerre sur le devant, et sur le premier plan un pêcheur à la ligne, et deux hommes debout qui semblent s'entretenir; à droite est une masse de rochers élevés et couronnés d'arbres. Tous les amateurs savent que les productions de ce maître sont très-rares et très-recherchées. Hauteur 19 p., largeur 18 p. Sur toile.

Pierre Patel.

94. Saint Antoine prêchant aux Poissons; plus loin on remarque la surprise d'un grand nombre de spectateurs. La droite offre une chaîne de montagnes baignée par la mer, sur laquelle on voit plusieurs vaisseaux; sur la gauche une ruine et la statue de la Vierge. Très-beau tableau où ce maître s'est plu à imiter *Salvator Rosa*. Hauteur 16 p., largeur 21 p. Sur bois.

Mauperché.

95. La Vue d'une Forêt où le jour entre à peine. On y remarque trois figures. Hauteur 33 p., largeur 40 p. Sur toile.

École du Gaspre.

96. Un Paysage d'une belle composition, orné de fabriques, coupé de rivières, où l'on voit sur le devant une femme portant un vase sur sa tête, des blanchisseuses, et autres petites figures concourant à l'enrichir. Hauteur 30 p., largeur 41 p.

Jacques Stella.

97. La Vierge, l'Enfant Jésus, et Saint Jean, figures vues à mi-corps. Précieux tableau, peint sur marbre noir. Hauteur 10 p., largeur 8 p. et demi. Sur ardoise.

Sébastien Bourdon.

98. Le Massacre des Innocens. Vaste composition de cinquante-quatre figures dont l'aspect pittoresque forme des groupes riches et du plus grand intérêt. On ne peut s'empêcher d'admirer la fécondité du génie de ce maître. Tableau capital et classique pour une collection française. Hauteur 43 p., largeur 60 p. et demi. Sur toile.

Par le même.

99. Le Martyre d'un Saint, composition de vingt-deux figures. Hauteur 17 p. et demi, largeur 14 p. Sur toile.

Sébastien Bourdon.

100. Un Paysage agreste, dans le genre des environs du château Saint-Ange, baigné par le Tibre. Sur le devant un homme et une femme conduisent un troupeau de bestiaux; de belles fabriques, des masses d'arbres, et des montagnes élevées concourent à la richesse de ce tableau, que nous regardons comme tout ce que ce maître a produit de plus fin et de plus précieux. Hauteur 8 p., largeur 12 p. Sur cuivre.

Par le même.

101. Un autre Paysage avec fabriques et usines construites sur une rivière où l'on voit un pâtre qui vient faire boire ses bestiaux; des masses de rochers et d'arbres, qui se détachent sur de hautes montagnes, terminent ce tableau, qui peut servir de pendant au précédent. Hauteur 7 p., largeur 11 p. Sur toile.

Par le même.

102. La Fuite en Egypte, composition de six figures. Cette charmante composition, d'un genre neuf et piquant, se trouve gravée dans une suite d'après lui. Hauteur 10 p. et demi, largeur 14 p. Sur toile.

École de Le Sueur.

103. Le Martyre de Saint Laurent, grandeur de l'estampe qu'Audran a gravée. Souvenir précieux d'un des beaux ouvrages de ce maître, dont le grand tableau se trouve à l'Hermitage, à Saint-Pétersbourg. Hauteur 24 p., largeur 13 p. et demi. Cintré du haut. Sur toile.

PIERRE MIGNARD.

104. La Samaritaine, composition de six figures. Tableau d'une touche ferme et d'une couleur brillante. Hauteur 7 p. et demi, largeur 10 p. Sur toile.

CHARLES DE LAFOSSE.

105. L'Apothéose de la Vierge; belle composition de dix-neuf figures : projet d'une coupole. On connaît, pour les grandes machines, le rare talent de ce peintre célèbre, dont le plafond des Invalides sera toujours regardé comme un chef-d'œuvre. Il est de forme ronde. Diamètre, 33 p. Sur toile.

RAOUX.

106. Plusieurs Nymphes endormies et au bain, au pied d'un grand rocher, et dans une forêt boisée que traversent plusieurs rayons de soleil. Six figures de femmes concourent à la composition de ce tableau, qui est d'une couleur dorée et brillante. Hauteur 30 p., largeur 23 p. Sur toile.

SUBLEIRAS.

107. Un Paysage enrichi de jolies fabriques et d'une grande étendue d'eau; sur le devant un arbre élevé et deux hommes sur le chemin. On sait avec quel goût ce peintre estimable a traité ce genre. Hauteur 5 p. 9 l., largeur 12 p. Sur toile.

FRANÇOIS LEMOINE.

108. Moïse, faisant découvrir la citerne pour donner à

boire au troupeau de Rébecca; composition de six figures. On en trouve l'estampe gravée par Cars. Il sort du cabinet de M. de Luines. Hauteur 29 p. et demi, largeur 22 p. et demi. Sur toile.

LANTARA.

109. Deux tableaux : l'un composé de rochers, chûtes d'eaux, et d'aqueducs éclairés au soleil conchant; l'autre offre la vue d'un château élevé sur des hauteurs, éclairé par un temps d'orage, où l'on voit la foudre qui tombe. Hauteur 2 p. 9 l., largeur 4 p. et demi. Sur bois.

GAUFFIER.

110. Deux charmantes Esquisses arrêtées, sujets tirés du Premier Navigateur: l'une le représente au moment qu'il arrive guidé par l'Amour, et entrant dans la chambre de deux femmes, dont une jeune fille; l'autre le représente avec la jeune fille qu'il amène vers sa barque, que dirigent quatre petits Amours. En voyant cette charmante production, on ne peut que regretter la perte trop précoce de cet artiste estimable, qui était destiné à figurer avec honneur dans la belle Ecole Française. Hauteur 8 p. et demi, largeur 11 p. Sur toile.

M. le Chevalier DAVID.

111. L'esquisse, ou première Pensée du célèbre tableau de Brutus après avoir condamné ses fils à mort. Cette esquisse, qui offre une pensée profonde, est aussi d'un bel effet, et d'une couleur riche et vigoureuse

Les grands travaux auxquels cet artiste s'est toujours livré rendront ce morceau précieux pour les amateurs. Hauteur 9 p. et demi, largeur 12 p. Peinte sur papier collé sur toile.

Carle Vernet.

112. Le Triomphe de Paul-Emile, immense composition, de plus de 125 figures. Ce tableau, qui servit de morceau d'agrément à l'académie royale de peinture, réunit les suffrages du public lors de son exposition au salon. Hauteur 46 p., largeur 158 p. Sur toile.

M. Demarne.

113. Un Paysage, enrichi sur le devant de différens bestiaux en repos près d'un tronc d'arbre dépouillé de ses feuilles, et dans l'étendue du devant du tableau, trois figures, dont une jeune fille assise tenant un pissenlit en graines, qu'elle se dispose à souffler, tandis qu'un jeune pâtre semble lui dire : Je t'en ratisse; et un autre en demi-teinte, qui semble sourire. Des fabriques et de hautes montagnes terminent ce beau tableau, qui montre combien cet habile maître sait varier son rare talent. Hauteur 36 p., largeur 29 p. et demi. Sur toile.

Par le même.

114. Un Paysage où l'on remarque, à gauche, une fontaine avec une grande auge circulaire, à l'entour de laquelle sont divers personnages qui viennent faire boire leurs bestiaux. Sur le premier plan, à droite, un jeune berger assis au pied d'un grand

arbre élevé. Il est environné d'un troupeau de 18 moutons, chèvres et génisses; au-dessus, un lointain frais, où l'on voit une rivière qui circule sur un chemin; un pâtre conduit différents bestiaux. Ce charmant tableau ne peut que multiplier les justes éloges que mérite cet habile artiste, dont les ouvrages ornent déja les premières galeries de l'Europe. Hauteur 14 p. et demi largeur, 20 p. Sur bois.

M. Bidau.

115. Deux Paysages de forme ronde; l'un offre une grande chûte d'eau qui forme plusieurs îles; sur le devant, deux pêcheurs regardent leurs poissons; l'autre offre un pâtre gardant plusieurs bestiaux; plus loin, une rivière, des arbres élevés, et de hautes montagnes. Un ton fin et une couleur piquante s'y font admirer. Diamètre 7 p. et demi. Sur bois.

M. Tibauld.

116. Un Paysage où l'on remarque un pont, sur lequel traverse une femme vers une masse d'arbres; à gauche, et sur le devant, une jeune fille agenouillée près de la rivière; le tout terminé par de hautes montagnes. Hauteur 8 p. et demi, largeur 11 p. 9 lignes. Sur toile.

Chaise.

117. Thésée vainqueur du Minotaure, composition de dix figures; esquisse arrêtée. Hauteur 13 p. et demi, largeur 16 p. et demi. Sur toile.

Mme. Villers.

118. Une jeune Femme blonde, assise sur le banc d'un balcon, et appuyée du bras droit sur une balustrade, où se trouve un vase rempli de marguerites; elle en tient de la main gauche. Cette figure, de grandeur naturelle, vue jusqu'au-dessous des genoux, est vêtue de blanc et d'un schall. Ce tableau, dont la composition est neuve, le dessin correct, et l'effet très-piquant, est aussi d'un pinceau moëlleux. Il a obtenu de justes éloges lors de son exposition au Salon, et classe madame Villers au rang des artistes distinguées de l'École Française. Hauteur 51 p., largeur 36 p. Sur toile.

Par la même.

119. Une jeune Femme brune, vue par le dos, assise, et vêtue de blanc, occupée à passer son schall devant un écran à glace, dans lequel elle est vue de face; elle est en pied, de petite proportion, assise sur un ployant, recouvert d'une draperie jaune. Ce joli et agréable tableau ne peut qu'ajouter à la réputation de madame Villers. Hauteur 40 p., largeur 30 p. Sur toile.

Par la même.

120. Une petite Fille blonde, tenant une corbeille de jonc remplie de fleurs; figure de grandeur naturelle, à mi-corps; elle est vêtue d'une robe rouge, sur fond de paysage. Tableau rempli de grace et de vérité. Hauteur 24 p., largeur 19 p. Sur toile.

STATUES, BUSTES, VASES, SOCLES, ET CHEMINÉE DE GRANIT.

Le Rembert.

121. La Statue d'une Diane à la chasse, figure de grandeur naturelle, propre à décorer un jardin; cette figure était dans le jardin de M. Marigny, ancien hôtel de la Banque. Les personnes que les productions de cet artiste pourraient intéresser, la verront dans la cour de M. le Rouge, place des Victoires.

Antiques.

122. Un Buste de Marbre antique, monté sur pieds-douches.

Marbre blanc.

123. Une Copie fidèle du Tombeau d'Agrippa, d'une belle exécution, sur socles de bleu turquin. Hauteur 13 p., largeur 19 p.

Marbre jaune de Sienne.

124. Deux Vases, forme d'urnes allongées, à anses prises dans la masse; de profil pur, et de belle forme. Hauteur 14 p.

Granit des Vosges.

125. Deux Vases de couleur verte, de bonne forme, élevés; l'un des pieds-douches a été restauré. Hauteur 22 p.

Albatre veiné.

126. Un Vase, forme de nacelle, enrichi d'ornemens à gaudron, avec moulures. Hauteur 14 p., largeur 15 p.

Granit.

127. Deux Cheminées en granit des Voges, richement décorées de bronzes. Cet article sera détaillé.

Albatre.

128. Deux Plinthes d'albâtre oriental, de 12 p. en carré sur 4 p. et demi d'épaisseur. Elles viennent de la vente de M. Vaubaal, n° 174.

Marbre.

129. Deux Socles de marbre bleu turquin. Hauteur 6 p., largeur 10 p.

Idem.

130. Un Socle de granit vert des Voges. Hauteur 1 p. 9 lig., largeur 14 p.

BRONZES ANCIENS ET MODERNES.

CHAUDET.

131. Bronze représentant Bélisaire aveugle, et se reposant, tandis que son conducteur, tombant de fatigue, s'endort à ses pieds. Hauteur 17 p., diamètre de son pied rond, 15 p.

Ce morceau, l'une des productions de cet habile statuaire, dont la France ne peut que se glorifier, et regretter la perte, qui n'a eu que le temps d'arriver au premier rang, doit attirer l'attention des amateurs. Le cuivre étant contraire à sa santé, il n'a exécuté que deux bronzes dont celui-ci est le second. Nous prions les amateurs de ne point confondre cet ouvrage admirable avec cette manufacture qui trompe si souvent les médiocres connaisseurs.

BRONZES.

132. Deux Groupes, l'un représentant Vénus et Adonis accompagnés de l'Amour; l'autre, Borée qui enlève Oritie, composé de quatre figures. Ces deux beaux morceaux portent 24 p. de hauteur.

Idem.

133. Deux Bustes de forte proportion; l'un représentant Caracalla l'autre, Platon; et élevés sur des pieds-douches en marbre. Hauteur totale 24 p.

Idem.

134. Les Vases connus sous le nom des Médicis, de la plus belle exécution. On sait combien de tels bronzes sont justement recherchés. Hauteur 19 p.

Idem.

135. Un Enfant assis, tenant un oiseau et une pomme, de grandeur naturelle. Ce bronze, d'une belle exécution, porte le nom de *Pigal*, en 1784. Nous le croyons plutôt de *Duy*, son élève. Hauteur 19 p.

Idem.

136. Le Rémouleur. Bronze moderne sur plinthe de granit vert. Hauteur et largeur 12 p.

Idem.

137. Une Figure de Vénus se retirant une épine du pied ; bronze florentin, élevé sur un pied en bois de palissandre. Hauteur du bronze, 9 p.

Idem.

138. La Statue d'Agrippine de 7 p. de proportion.

Idem.

139. Bacchus, arrivant dans l'île de Naxos, paraît surpris de la beauté d'Ariane. Ce charmant morceau, dont la grace et la finesse ne laissent rien à desirer, nous fait regretter la fracture de quelques doigts de

la main gauche. Hauteur 8 p.; élevé sur un socle de marbre noir.

Bronzes.

140. Un Vase et son Plateau, du siècle de François Ier, enrichi de beaux bas-reliefs bien conservés, et d'un beau style.

Pendule.

141. Une Pendule représentant l'étude de la géographie, caractérisée par une femme debout, appuyée sur le globe terrestre, traversé des heures et minutes à cercles tournans. Le tout élevé sur un piedestal, base et autres ornemens de beau bronze doré; à droite du piedestal, est un génie dont la faux traverse des débris de monumens d'architecture. Cette pendule, du meilleur goût, est aussi précieuse par son exécution.

PORCELAINES ANCIENNES DU JAPON, DE LA CHINE, ET DE SÈVRES.

Porcelaines anciennes coloriées, de première qualité du Japon.

142. Deux Vases à huit pans, et à panneaux d'arbres, oiseaux, et fleurs, garnis d'une gorge à cannelures, pois, et feuilles de laurier, à anses s'élevant sur la gorge carrément, avec chûte de laurier, et forts masques de satyre aux deux côtés; le culot est terminé

par de grandes feuilles-d'eau, et grèle, placé sur un piédouche à cannelures et ornemens, avec entrelacs sur le quart de rond, et socle carré, le tout en bronze doré d'or moulu. Hauteur totale, 32 p., largeur totale 18 p. Il y en a un qui a été fracturé, et bien restauré.

Idem.

143. Un Vase de forte proportion, fond-bleu varié, avec dessins de fruits et ornemens, richement décoré d'anses représentant des syrènes, avec chûte de guirlandes, et pieds en bronze doré. Hauteur 29 p., largeur 17 p.

Idem.

144. Deux cornets de forme allongée, à panneaux de couleur, avec gorge et pieds. Hauteur 24 p.

Terre du Japon.

145. Une Chimère en terre des Indes, placée sur son socle de bronze. Hauteur 48 p., largeur 14 p.

Idem.

146. Deux Bouteilles, à grosse panse et à collet, et levées de couleur olive, garnies de collet et de pieds en bronze. Hauteur 15 p.

Bleu céleste de la Chine.

147. Deux Lions-Chimères, portant chacun lumière à deux bobèches, avec pieds de bronze doré. Hauteur 11 p.

Porcelaine jaspée de Perse.

148. Deux Bouteilles à grosse panse et à collet élevé, garnies au collet, et montées sur leur pied en bronze doré. Hauteur 18 p., largeur 8 p.

Porcelaine de Sèvres.

149. Un Pot et sa Jatte en porcelaine de Sèvres, à fond bleu garni en vermeil.

MEUBLES DE BOULE.

150. Deux Meubles, partie et contre-partie, ouvrant à trois battans, dont le milieu orné d'une figure d'enfant faisant des bulles de savon; le haut surmonté d'un fort masque avec guirlandes de feuilles de lierre, et enroulemens d'ornement; les deux autres panneaux enrichis d'un enfant tenant un sablier d'une main, et de l'autre une couronne accompagnée de trophées de musique, ayant aux quatre coins équerre à tête de vents; le soubassement en bois noirci, orné de rosaces, élevé sur pieds à vis; le tout en bronze doré. Hauteur 39 p., largeur 70 p. Ils viennent de la vente du baron de Hoorn, n° 580.

Idem.

151. Deux riches Meubles ouvrant à trois battans. Sur ceux du milieu l'on voit les bas-reliefs en bronze, représentant Apollon faisant écorcher le satyre Marsyas, et les Quatre-Saisons sur les autres pan-

neaux. Ces deux beaux meubles sont recouverts de marbre bleu-turquin. Hauteur 37 p., largeur 49 p.

Idem.

152. Deux Meubles à panneaux de glaces, les milieux en marqueterie, les angles à têtes de vent en équerre. Hauteur 37 p., largeur 54 p.

Idem.

153. Un Meuble connu sous le nom de la *Commode ailée,* enrichi de deux consoles à têtes de femme et pieds de lion, de deux autres rechûtes d'ornement portant sur des vis en limaçon. Ce riche et magnifique meuble est recouvert d'un très-beau marbre vert d'Egypte, de 47 p. de longueur sur 23 p. de profondeur, et 18 lig. d'épaisseur. Ce morceau, l'un des plus beaux ouvrages de Boule, provient de la précieuse collection du baron de Hoorn, n° 582 de notre catalogue.

Idem.

154. Un Secrétaire en belle marqueterie; l'abattant orné d'un bas-relief en bronze représentant des jeux d'enfans, à oves, et quantité d'autres ornemens de la plus grande richesse. Hauteur 53 p., largeur 50 p. Il a orné les cabinets Sainte-Foix et Vaudreuil.

Idem.

155. Un beau Secrétaire en belle marqueterie de Boule; seconde partie ouvrant à abattant, riche entablement à oves et autres ornemens, dessus de marbre brèche violette, encadré d'un quart de rond en cuivre lisse. Hauteur 51 p., largeur 50 p.

Meubles de Boule.

156. Deux gaines à tablier, à enroulemens plats de bas-relief, en marqueterie d'étain. Hauteur 51 p.

Idem.

157. Une petite Table, à quatre pieds, enrichie de masques de satyre, à pieds, chantournée et à gaudron sur le bord; recouverte d'un maroquin vert. Hauteur 28 p., largeur 32 p.

Idem.

158. Une autre pareille.

Idem.

159. Deux Piedestaux en marqueterie, élevés sur masque de satyre à griffe. Hauteur 9 p., largeur 11 p.

Idem.

160. Un Socle, à revers en marqueterie. Hauteur 3 p. et demi, largeur 20 p.

BOITE PRÉCIEUSE AVEC CAMÉES ANTIQUES, ET AUTRES OBJETS.

161. Un Camée d'un beau volume, sardoine blonde, et le sujet en relief d'un blanc de lait brillant, pareillement monté avec le plus grand goût, par le même artiste; cette pierre, qui charme par son travail, et la grace du sujet, représente Vénus dans son char,

accompagnée d'une nymphe à sa droite, tandis que deux autres nymphes, drapées à l'antique, sont attachées au char de la déesse des graces; l'Amour debout, sur le timon, contribue à l'union et à l'harmonie de la composition; c'est tout ce que le bel art de la gravure peut présenter d'aimable : si la seconde est imposante et sévère, la première présente l'aspect le plus flatteur. Nous laissons aux connaisseurs le soin d'assigner l'époque de ce précieux travail. Ovale en travers, portant 20 lig. sur 15.

Idem.

162. Camée antique, de grand volume, placé en médaillon sur une boîte d'or, monture de Vachette, à Paris. Le sujet est un sacrifice à Cérès; composition de cinq figures, qui se détachent en blanc opaque sur un fond qualité de Sardoine; à la droite est un vieux Faune assis, jouant d'une double flûte, tandis qu'une nymphe et un berger soutiennent une draperie jusqu'à la statue de la déesse, et qu'une seconde nymphe consomme le sacrifice au-dessus d'un autel. Cette pierre, importante sous tous les rapports, sera remarquée sans doute des connaisseurs. Il est d'ailleurs trop rare de voir en vente un morceau aussi capital, qui offre en même temps le bijou le plus magnifique. Grandeur du camée ovale en largeur, 21 et 23 lignes. Il a été fracturé et bien restauré.

Idem.

163. Une Boîte à huit pans en pierre de Labrador, montée en cage à gorge, et doublée en or.

Boite précieuse.

164. Une Boîte dont le couvercle est orné d'une belle agate herborisée.

Bagues.

165. Un Trépied antique, exécuté en mosaïque de Florence, de forme octogone, monté en or.

Idem.

166. Un bel Onyx à quatre couches, de couleurs bien tranchantes, de Sardoine, d'un beau blanc, grand cabochon.

167. Deux Boîtes d'écailles rondes, à cercles d'or, pour le médaillon. Cet article sera détaillé.

168. Deux Fûts de colonne cannelés, en bois peint, sculpté et doré. Hauteur, 37 p., diamètre, 9 p. et demi.

169. Deux belles Estampes coloriées, d'après Van Huysum, par M. Prevots.

170. Un Fusil à deux coups.

171. Différens Objets en tous genres, qui pourraient avoir été omis, et qui seront vendus sous ce n°.

DE L'IMPRIMERIE DE FIRMIN DIDOT,
IMPRIMEUR DE L'INSTITUT, RUE JACOB, N° 24.

FEUILLE DE DISTRIBUTION

DES VACATIONS

DE LA VENTE DE M. VILLERS, ARCHITECTE.

PREMIERE VACATION.

Du lundi 30 *mars* 1812.

N° 138. AGRIPPINE, en bronze.
35. École de Rubens.
129. Deux Socles de marbre.
95. Mauperché.
130. Un Socle de granit.
107. Subleiras.
168. Deux Fûts de colonne, en bois.
13. École du Dominiquin.
160. Un Socle de Boule.
115. M. Bidau ; deux tableaux.
116. M. Tibauld.
147. Deux Lions, bleu-céleste.
84. J. D. Dehem ; deux tableaux.
71. Backhuysen.
104. P. Mignard.
122. Buste en marbre.
109. Lantara; deux tableaux.
164. Boîte herborisée.

81. Verbomme et Lingelbac.
144. Deux Cornets.
9. Le Guide.
88. M. Carré.
110. Gauffier ; deux tableaux.
124. Deux Vases, marbre de Sienne.
105. Ch. de Lafosse.
37. P. Buth et Boudewyns ; deux tableaux.
74. Guillaume Deheusse.
89. Loutherbourg: deux tableaux.
75. Carle Dujardin.
39. Albert Kuyp.
49. Gérard de Lairesse; Saint-Jean.
100. Sébastien Bourdon ; Paysage.
101. *Idem.*
22. Corneille Poelinburg.
92. Le Nain.
29. D. Teniers.
64. Aelst.
66. *Idem.*
19. J. P. Pannini ; deux tableaux.
53. Jacques Ruysdall.
11. Schidone ; l'Espérance.
163. Boite de Labrador.
2. Le Gorgion.
135. Un Enfant, en bronze.
93. Claude Gelée , dit *le Lorrain.*
157. Une petite Table de Boule.
5. Georges Vasari.
158. Une petite Table de Boule.
87. N. Rombout.
32. Van Uden et D. Teniers.
133. Deux Bustes en bronze.

58. Ph. Wouwermans ; un Hiver.
27. D. Teniers ; quatre tableaux.
154. Un Secrétaire de Boule.
118. Madame Villers.
152. Deux Meubles de Boule.
61. N. Berghem.

DEUXIEME VACATION.

Du mardi 21 mars.

N° 171. Différentes parties.
167. Deux Boîtes rondes d'écaille.
126. Vase d'albâtre.
36. Michel Coxcie.
137. Vénus en bronze.
165. Une Bague en mosaïque.
10. École du Guide
140. Un Vase en bronze.
106. Raoux.
40. Jeune Garçon, de Kuyp.
38. Pierre Buth; un Paysage.
21. Jean Breughel.
63. Van Aelst.
128. Deux Plinthes d'albâtre.
99. Séb. Bourdon ; un Martyre.
127. Une Cheminée en granit.
50. École de G. Lairesse.
136. Le Remouleur, en bronze.
78. Jean Asselyn.

146. Deux Bouteilles de couleur olive.
18. Jean-Paul Pannini.
170. Un Fusil à deux coups.
59. École de Ph. Wouwermans.
156. Deux Gaines, par Boule.
102. Séb. Bourdon; fuite en Egypte.
31. D. Teniers; moutons.
1. Titien, Musicien.
28. D. Teniers.
142. Deux Vases de porcelaine, à huit pans.
51. Glaubert et G. de Lairesse; deux tableaux.
45. Gérard Terburgh; deux tableaux.
55. M. Hobbema.
72. Mieris le vieux.
70. Lud. Backhuysen.
41. Rembrandt; une vieille Femme.
155. Un Secrétaire, de Boule.
113. M. Demarne.
123. Le Tombeau d'Agrippa.
119. Madame Villers.
77. Ph. de Champagne.
20. Luc Jordane ou Jordans.
73. Jean Both.
12. Le Guerchin; Sainte Marie Egyptienne.
69. Moucheron et Vanderverlde.
132. Deux Groupes, en bronze.
15. J. F. Romanelli.
52. J. Ruysdall et Vandervelde.
47. G. de Lairesse.
48. *Idem.*
62. N. Berghem.
34. Francisque Milé.

150. Deux meubles de Boule.
23. Snyders ; les Poissons.
24. *Idem ;* le Cheval et les Loups.
25. *Idem ;* Chasse au Sanglier.
141. Une Pendule.
57. Ph. Wouwermans.

TROISIÈME VACATION.

Du mercredi 1er avril.

N° 171. Copie du Guide ; Lucrèce.
139. Bacchus, en bronze.
117. Chaise ; une esquisse.
103. École de Lesueur.
159. Deux Piedestaux de Boule.
169. Deux Estampes coloriées.
85. Keneller.
149. Un pot et sa jatte de Sèvres.
166. Bagues ; Onyx.
97. Jacques Stella.
111. M. le chevalier David.
94. Pierre Patel.
90. Sopfer, de Genève.
108. F. Lemoine.
43. Ferdinand Bol.
30. D. Teniers.
65. Van Aelst.
82. Isaac van Uliet.

80. Jean Leduc.
120. Madame Villers.
33. Van Uden.
125. Deux Vases de granit des Vosges.
83. C. Netscher.
91. Le Nain.
145. Une Chimère de terre du Japon.
17. Jean-Paul Pannini; deux tableaux.
114. M. Demarne.
8. Antoine Carache.
96. École du Gaspre.
54. Jacques Ruysdall.
4. Jacques Robusti, dit le *Tintoret.*
148. Deux Bouteilles de Perse.
14. *Attribué* à Crespi.
67. Jean Stéen.
3. *Le vieux* Palma.
86. Rombout.
44. Gérard Terburgh.
98. Séb. Bourdon; le Massacre des Innocens.
143. Un Vase en porcelaine du Japon.
7. Annibal Carache; un *Ecce Homo.*
127. Une Cheminée de granit.
76. Ph. de Champagne.
112. M. Carle Vernet.
121. La grande Statue de marbre.
68. Moucheron et Vandervelde.
6. Georges Vasari.
131. Belisaire; bronze par Chaudet.
79. Adrien Van der Wef.
16. Romanelli; l'Embrasement de Troye.
134. Les Vases Médicis, en bronze.

42. Koninck et Lingelbac.
151. Deux Meubles de Boule.
46. Gérard de Lairesse ; Joseph.
161. Boîte avec camée antique.
162. *Idem.*
153. La Commode ailée, par Boule.
60. N. Berghem.
56. Ph. Wouwermans.
26. David Teniers.

www.ingramcontent.com/pod-product-compliance
Lightning Source LLC
LaVergne TN
LVHW050431160826
845677LV00002BA/645

9782329681146